DIE *wunderbare* WEIHNACHTSREISE

Erzählt von Lori Evert
Fotografiert von Per Breiehagen

$\mathcal{I}$n einem Land hoch oben im Norden – so weit im Norden, dass die Wollmützen und warmen Handschuhe das ganze Jahr über nicht weggepackt werden – lebte vor langer, langer Zeit ein kleines Mädchen namens Anja. Anjas größter Traum war es, ein Elf zu werden – ein Elf, der dem Weihnachtsmann hilft.

Und als die Tage wieder kürzer wurden und der Schnee wochenlang ohne Unterlass vom Himmel fiel, beschloss Anja, dass es nun an der Zeit war, den Weihnachtsmann zu suchen.

$\mathcal{B}$evor Anja aufbrach, ging sie noch zu der freundlichen alten Frau, die ein Stück den Weg hinunter wohnte. Sie hatte weder Kinder noch Enkel, deshalb wollte Anja ihr bei den Weihnachtsvorbereitungen helfen.

Während die alte Frau ein Nickerchen machte, fing Anja ihre ungezogene Katze ein und verzierte das Lebkuchenhaus, das sie am Tag zuvor zusammen gebacken hatten. Und zuletzt …

… holte Anja auch einen kleinen Weihnachtsbaum für sie herbei.

Dann verteilte Anja Weihnachtsgeschenke an ihre Freunde und ihre Familie – und sie hinterließ allen die Nachricht, dass sie sie besuchen würde, wann immer es die viele Arbeit zuließ, die sie für den Weihnachtsmann zu erledigen haben würde.

Anja war gut auf ihre große Reise vorbereitet. Sie hatte die Position des Polarsterns am Abendhimmel verfolgt und sich die große Landkarte eingeprägt, die in der Schule an der Wand hing.

Als Anja ihre Skier anschnallte und zum Waldrand glitt, bekam sie trotzdem ein bisschen Angst. »Was, wenn ich mich verirre?«, überlegte sie laut.

»Ich kann dir helfen«, sang da eine helle Stimme.

Überrascht blickte Anja sich um.

»Hier oben!«, piepste es, und ein leuchtend roter Vogel flog heran und landete direkt auf ihrem Skistock.

Anja erzählte ihm von ihrem Wunsch, zum Nordpol zu reisen, um den Weihnachtsmann zu finden. »Aber vielleicht ist das ja dumm von mir«, sagte sie.

»Nicht, wenn du die richtigen Freunde hast«, entgegnete der Vogel. »Vertrau mir, ich kann dir helfen. Aber wir müssen uns beeilen. Die Tage sind kurz und Weihnachten steht vor der Tür.«

Und so fuhr Anja auf ihren Skiern hinter dem Vogel her. Er flog langsam und geduldig voraus, während Anja sich einen Weg durch den tiefen Schnee bahnte.

Als sie zu einem Berghang kamen, sauste Anja so schnell durch den glitzernden Pulverschnee, dass der Vogel kaum mithalten konnte!

Am Fuß des Berges stieß der Vogel einen Pfiff aus, und kurz darauf wurden sie von einem riesigen Pferd begrüßt. »Wenn du magst, kannst du heute in meinem Stall schlafen«, bot es Anja an. »Und morgen begleite ich dich einen Tag und eine Nacht lang auf deinem Weg.«

Und ehe Anja dem Vogel für seine Hilfe danken konnte, flatterte er auch schon davon.

Noch etwas schläfrig kletterte Anja am nächsten Morgen auf den Rücken des sanftmütigen Pferdes. Während sie durch den verschneiten Wald trotteten und miteinander plauderten, verging der Tag wie im Flug.

Bei Einbruch der Dunkelheit begannen Nordlichter am Himmel zu tanzen. Anja und das Pferd schauten stundenlang gebannt zu, bis sie müde wurden. Das Pferd schlief im Stehen und Anja machte es sich auf seinem warmen, starken Rücken bequem.

Als Anja aufwachte und ihr klar wurde, dass das Pferd sie nun bald verlassen musste, wurde sie traurig. Aber sie wusste, dass seine Menschen sich bestimmt bald Sorgen machen würden.

Schon bald kamen sie an einen gefrorenen Wasserfall. Das Pferd wieherte dreimal laut, und aus einer Öffnung im Eis trat das merkwürdigste Wesen, das Anja je gesehen hatte.

Der Moschusochse sprach sie sanft und bedächtig an. »Der Vogel hat mich gebeten, dich unter dem Gletscher hindurch bis zur Tundra zu geleiten.« Mit diesen Worten drehte er sich um und verschwand hinter dem Vorhang aus Eis.
»Folge ihm ruhig«, sagte das Pferd zu Anja. »Er ist sehr scheu, aber du kannst ihm vertrauen.« Als das Pferd bemerkte, wie traurig Anja über den Abschied war, fügte es hinzu: »Wenn du einer der Weihnachtselfen bist, darfst du mich besuchen, wann immer du möchtest. Aber jetzt warte nicht länger, denn Weihnachten steht vor der Tür.«
Anja schnallte ihre Skier ab. Mutig folgte sie dem Moschusochsen.

Sie gelangten in eine Höhle, in der es stockfinster war. Doch dann führte der Pfad aus Eis und Steinen wieder bergauf und die Dunkelheit wich einem leuchtenden Blau. Anja und der Moschusochse traten aus der Höhle. Vor ihnen, auf dem eisigen Boden, lag eine prächtige Felldecke.

Gerade wollte sich Anja hineinkuscheln, da bewegte sich die Decke plötzlich. Sie erhob sich! Es war gar keine Decke, sondern ein riesiger Bär – so groß wie die Bären in den Geschichten, die Anjas Vater immer am Kaminfeuer erzählte.

Nachdem Anja dem Moschusochsen für seine Hilfe gedankt hatte, sprach der Bär zu ihr. »Ich bin gekommen, um dich über die Tundra nach Norden zu bringen«, brummte er mit tiefer Stimme. »Du kannst auf mir reiten oder deine Skier benutzen. Aber wir müssen uns beeilen. Weihnachten steht vor der Tür.«

Nach einer Weile machten sie Rast und Anja holte ein Buch aus ihrer Tasche. Im letzten Tageslicht las sie dem Bären daraus eine Geschichte über einen Troll und drei kleine Ziegen vor.

Der nächste Tag versprach schön zu werden. Anja fuhr zuerst eine Weile Ski und ritt dann auf dem Rücken des Bären. Er war ein toller Begleiter. Sie sangen Lieder zusammen und brachten einander zum Lachen.

Schon bald erreichten sie ihr Ziel. Anja hatte keine Ahnung, woher der Bär wusste, dass dies der richtige Ort war, denn es sah aus wie überall. Aber er sagte, dass sie genau hier einen Freund treffen würden.

»Lass uns ein wenig ausruhen, denn wir haben noch Zeit«, schlug er vor.

Anja kuschelte sich an sein weiches Fell und schlief ein.

Ein klingelndes, bimmelndes Geräusch weckte sie. Schlittenglocken!

Anja und der Bär schauten auf. Direkt vor ihnen landete ein Rentier im glitzernden Schnee!

»Ich bin so froh, dass ich dich gefunden habe«, sagte es. »Aber wir müssen zu Fuß laufen, denn ich bin zu müde zum Fliegen.«

Es sah wirklich erschöpft aus. Anja nahm ihm behutsam das Geschirr ab und bot ihm einen Apfel an, den sie noch in ihrer Tasche hatte.

Das Rentier verspeiste ihn dankbar.

Anja umarmte den Bären zum Abschied, dann schnallte sie ihre Skier wieder an und setzte den Weg mit ihrem neuen Begleiter fort.

$\mathcal{Z}$uerst versuchte Anja, mit dem Rentier Schritt zu halten, aber es war viel zu schnell. Also bat sie es, sie hinter sich herzuziehen. Das war fast so, als würde sie fliegen.

So legten sie eine lange Strecke zurück. Als Anja gerade die Arme schwer werden wollten, rief das Rentier: »Halt dich fest!«

Blitzschnell schwangen sie sich in die Lüfte!

Sie flogen über das verschneite Land und über das große Meer, das Anja von der Landkarte in der Schule kannte. Sie entdeckte Adler, Wale und riesige Eisberge, die aussahen wie der Kandiszucker, den sie immer mit ihrer Mutter machte.

Schließlich landeten sie mitten auf einer von schneebedeckten Bäumen gesäumten Lichtung.

Und dann ging Anjas Wunsch in Erfüllung!

𝒟er Weihnachtsmann kam!

Er hob Anja auf sein Knie und sagte: »Willkommen, Anja. Ich habe schon auf dich gewartet. Du bist ein mutiges kleines Mädchen. Es gibt viele Kinder, die Weihnachtselfen sein möchten, aber du hast es als Erste so weit geschafft. Du bist jetzt schon meine wichtigste Gehilfin, denn du bereitest den Menschen um dich herum das ganze Jahr lang Freude und bist freundlich zu allen. Danke.«

Dann fügte er mit einem Lächeln hinzu: »Darf ich dich nun um einen Gefallen bitten? Hilfst du mir dabei, meinen Schlitten zu fahren?«

Außer sich vor Freude rief Anja den Rentieren zu: »Fliegt los!«